AF452578

# L'HARMONISME

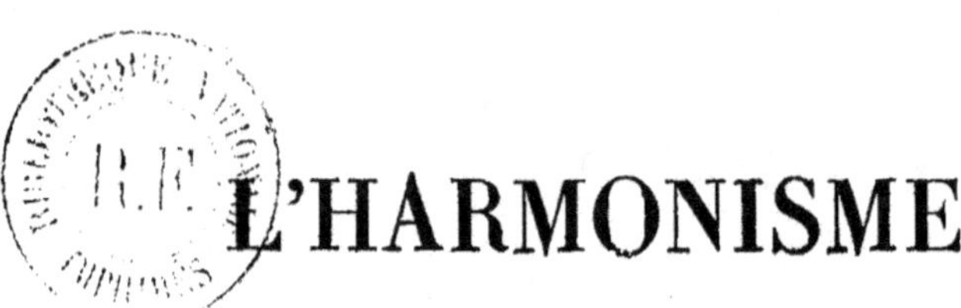


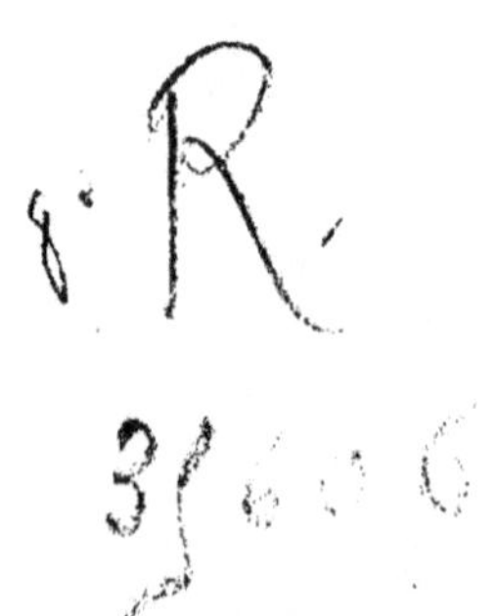

# DU MÊME AUTEUR

**Le Mystère de Platon** : *Aglaophamos*, avec une préface de Ch. Renouvier, 1 vol. in-8°, 4 fr. (*Félix Alcan, éditeur*).　　　　épuisé.

**L'Art et la Beauté** : *Kalliklès*, 1 vol. in-8°, 5 fr. (*Félix Alcan, éditeur*).　　　　épuisé.

**La Fin du Sage** : *Les derniers Entretiens de Ch. Renouvier*, 1 vol. in-12 (*A. Colin, éditeur*).

**La Nouvelle Monadologie** (en collaboration avec Ch. Renouvier), 1 vol. in-8° (*A. Colin, éditeur*).　　　　épuisé.

**Le caractère empirique et la Personne** : *Rôle de la Volonté en Psychologie et en Morale*, 1 vol. in-8° de la *Bibliothèque de philosophie contemporaine*, 7 fr. 50 (*Félix Alcan, éditeur*), épuisé.

**Contes pour les Métaphysiciens.** *Henri Paulain, éditeur.*　　　　épuisé.

**La Religion de l'Harmonie** : 1 vol. in-8° de 370 pages (*Les Presses Universitaires de France, éditeurs*). Prix broché : 18 francs.

**L'Initiateur** : Un vol. in-12 de 252 pages. Roman d'idées. (*Les Presses Universitaires de France, éditeurs*). Prix broché : 7 fr. 50.

LOUIS PRAT

———

# L'HARMONISME

EDITIONS RADOT
5, RUE EUGÈNE-MANUEL, 5
PARIS (XVIᵉ)

## I

### L'ÊTRE ET LE PARAITRE

Spinoza définit la substance : ce qui existe en soi et par soi, qui n'a besoin pour être conçu du concept d'aucune autre chose. La substance se suffit à elle-même; elle est l'être des êtres, l'*Ens realissimum*.

D'autre part, il n'est possible de connaître que par assimilation, comparaison, distinction : connaître c'est rapporter un objet à un autre.

Or, la substance étant l'être au delà des êtres, ne peut être mise en rapport avec rien. Elle est donc inconnaissable. L'inconnaissable est inintelligible. Affirmer l'existence de l'Etre en soi, c'est affirmer l'existence d'un mot, qui n'est qu'un mot, *flatus vocis*. Nous ne connaissons que des phénomènes; ce qui paraît est ce qui est par ce qu'il paraît.

# II

## LE DONNÉ

Le chercheur qui se propose de découvrir la vérité ne se paie pas de mots. Il ne se plaît pas à *bombiner dans le vide,* il prend toujours le *donné* pour point de départ de sa spéculation. Le donné c'est le fait constaté, soit en nous, soit hors de nous, le fait qu'il est possible de quantifier ou de qualifier, de localiser dans l'espace, de situer dans le temps, une vérité que l'on n'a, comme dit Descartes, aucune occasion de mettre en doute.

# III



## LA CONNAISSANCE DE SOI

Le premier des donnés, pour l'observateur, le plus important à connaître, c'est soi-même. La connaissance de soi est de toutes la plus précieuse. Toutes les connaissances que l'observateur peut prendre de ce qui n'est pas lui, sont nécessairement en rapport avec lui. Il les distingue, il les apprécie, il les juge.

Mais l'observateur ne se peut connaître qu'en connaissant. Il se connaît en se distinguant de ce qui n'est pas lui.

Son intelligence, en tant qu'elle se propose de connaître, est, selon l'exacte formule de Charles Renouvier : un représentatif qui objective en rapport avec un représenté qui est objectivé.

Le représentatif, ou le moi, ne peut se connaître qu'à la condition de s'objectiver, de devenir pour lui-même un représenté. C'est là le fait premier de toute conscience pensante; le fait au delà duquel il est impossible de remonter. Il est un fait puisqu'on le constate, il est inexplicable parce qu'il est premier.

# IV

LA PENSÉE DE LA PENSÉE

L'Observateur ne peut donc connaître et se connaître qu'à la condition de
se dédoubler.

Il pense et se regarde penser.

Il est une pensée qui pense et qui se
pense, il est, comme dit Aristote : la
pensée de la pensée.

## V

## LA PENSÉE ET L'ÊTRE

Pour être il faut penser, pour penser, il faut être. « *Cogito ergo sum.* »

Sommes-nous en présence, ainsi que le croyait Descartes, de la première vérité que l'observateur puisse atteindre?

# VI

## LA VISION DE SOI

« Je pense donc je suis. » Je suis, mais que suis-je, ou qui suis-je? Je ne suis et ne peux être que la vision que je prends de moi au moment où je la prends. Que vois-je alors que, pour m'observer, je regarde curieusement en moi-même? Des images défilent devant mes yeux. Elles provoquent en moi des émotions et suscitent des tendances plus ou moins fortes.

Je les vois qui s'assemblent et qui se combinent pour me présenter une vision nouvelle que je poursuis et qui m'entraîne. Et je ne puis savoir où je suis entraîné.

Je veux comprendre cette vision, l'apprécier, la juger, mais le puis-je?

Je compare le présent au passé pour prévoir l'avenir.

Je voudrais être le chasseur de ces images. Je me mets à leur poursuite pour les capturer. Souvent elles s'évanouissent quand je crois les saisir.

Sont-elles autre chose que des fantômes qui passent? Et moi qui suis-je? ou que suis-je, sinon une combinaison d'images qui n'apparaissent que pour disparaître et qui s'en vont je ne sais où?

# VII



Affirmer que je suis, c'est dire qui je suis.

Puis-je savoir qui je suis?

Les états de ma conscience — j'ignore même si ce sont des états — ne sont-ils pas plutôt des apparitions? Je les vois se déplacer en moi et changer. Je me déplace pour les poursuivre, il me semble que je change à mesure qu'ils changent : il m'est impossible de séparer mon existence de la leur.

Je les poursuis, je ne pourrai m'atteindre que si je les atteins, que si je prévois où ces visions veulent me conduire. Je ne suis donc pas celui qui est, je suis celui qui voudrait être, qui ne

peut être qu'à la condition de se prévoir. Je ne suis que la prévision que je
prends de moi-même.

# VIII

## LE PHILOSOPHE ET LA VÉRITÉ

S'il en est ainsi, le philosophe peut chercher la vérité mais il ne sera jamais certain de l'avoir découverte.

Une pensée n'est une vérité qu'à la condition de rester toujours identique à elle-même.

Le penseur ne peut donc qu'imaginer ou prévoir la vérité. Elle n'est pas puisqu'elle est toujours située en avant de lui-même. Il la cherche, il la poursuit. A peine lui est-il possible d'entrevoir son image dans le lointain de l'avenir.

# IX



## L'ERREUR DE DESCARTES

Descartes se serait donc trompé et, après lui, son école, et toutes les écoles dogmatiques rattachées plus ou moins étroitement à sa doctrine.

Connaître une vérité première à laquelle sont suspendues les vérités secondes, remonter à l'intelligence ordonnatrice, providence du monde, c'est connaître et comprendre comment ce qui est, est, comment ce qui n'est pas, n'est pas; c'est se représenter l'ordre qui préside au développement de la Nature et au développement de l'Esprit.

Par sa méditation et sa réflexion, le penseur découvre dans les choses, dans les hommes, et en lui, cette mathématique divine, créatrice de tout ce qui est. « *Cum Deus calculat fit mundus.* »

Il prend des choses et de lui-même une vision adéquate; il comprend ce qu'elles sont et ce qu'il est parce qu'il voit comment elles sont, comment il est.

L'intellectualisme de Descartes et de ses disciples, si nombreux, se propose, pour les connaître, de fixer le cours des choses en appliquant aux choses la mathématique de l'esprit. Ce grand penseur a voulu mathématiser la Nature. Mais la vivante nature et la vivante pensée sont autre chose qu'une vision que l'intelligence a fixée.

# X

## PENSER, C'EST VIVRE DANS L'AVENIR

On ne vit plus dans le passé, on ne vit dans le présent que pour préparer l'avenir. Nous situons notre vie en avant de nous. Vivre c'est se renouveler. Le vieillard qui n'a plus de forces que pour remâcher des idées, meurt tous les jours un peu plus.

# XI



Il ne faut donc pas dire : Je pense donc je suis; il faut dire : Je pense donc je veux être.

Mais je ne puis être qu'à la condition de pouvoir faire et de pouvoir me faire. Puis-je devenir l'ouvrier de moi-même, puis-je me regarder non seulement comme l'arbitre mais comme l'auteur de ma destinée?

# XII

## LE MOI ET LE NON-MOI

Le Problème est complexe. Le moi qui pense ne peut se déployer qu'en rapport avec le non-moi. Le non-moi c'est l'ensemble des choses qui s'agitent dans la conscience et que la conscience distingue, pour les connaître, pour se connaître.

Mais comment l'intelligence peut-elle connaître le non-moi, comment peut-elle sortir d'elle-même pour atteindre les choses et les juger?

# XIII



## LE SEMETIPSISME

Si les choses n'existent pour moi qu'en tant que je les connais, elles ne sont que la connaissance que je prends d'elles. Elles sont en moi, constitutives de mon moi.

J'existe donc seul, ou, si l'on préfère, je ne suis certain que de mon existence.

Tout ce qui existe, existe en moi et pour moi, donc tout ce qui existe est moi. En moi existent mes images, mes désirs, mes idées, mes sentiments, mes penchants, mes inclinations : je suis la résultante de toutes ces choses: un être synthétique fait de pièces et de morceaux divers. Je m'apparais. Je me retourne ensuite sur moi-même afin de constater les membres épars de ma personnalité que je voudrais connaître. C'est moi que j'apprécie en appréciant ces images qui se poursuivent sur la scène. Je suis à la fois l'acteur et le spectateur du drame.

Ce qui m'apparaît est tout ce qui est. Or, je n'aperçois jamais que moi-même. J'existe donc seul et je suis tout : je suis le tout être. J'existe seul et je ne suis pour moi que l'image, ou l'ensemble des images qui se succèdent et que le souvenir arrête pour un temps.

Je suis tout ce qui est et je ne suis qu'une succession d'images qui défilent sur un théâtre et qui s'en vont. Où s'en vont-elles les images? Comment le savoir? Et si je l'ignore, moi qui suis tout ce qui est, je ne sais qui je suis ni même que je suis, parce que je ne sais pas où je vais.

# XIV

## CE QUI EST EN MOI N'EST PAS MOI

J'affirme que ces images ou ces pensées que je découvre en moi sont moi, parce qu'elles n'existent que par rapport avec moi-même. Moi-même je n'existe, pour moi, que par rapport avec elles. Elles n'existeraient pas sans moi, je n'existerais pas sans elles. Je n'ai pas plus de raison de dire qu'elles sont moi que je n'aurais de raison de dire que je suis elles.

Elles existent en moi, mais, en moi, elles existent distinctes de moi. Elles sont distinctes de moi puisqu'elles m'apparaissent distinctes et étrangères, parfois amies, parfois ennemies, souvent indifférentes.

Elles sont en moi, elles sont *miennes,* elles ne sont pas moi.

Elles sont venues en moi.

D'où sont-elles venues? Comment sont-elles venues? Pourquoi sont-elles venues mêler leur devenir à mon propre devenir?

Autant de problèmes et difficiles.

La pensée qui pense distingue ses pensées en deux groupes : les unes lui appartiennent en propre, font partie intégrante de son être, les autres sont, dans la conscience, des intruses. Au moment où nous les apercevons, nous sommes parfois étonnés de les voir en nous et nous demandons s'il ne dépend pas de nous de les chasser.

# XV

## LE NON-MOI N'EST PAS L'ÉTENDUE

Dirons-nous avec Descartes qu'il existe en dehors de la Pensée active une substance qui ne pense pas : l'Etendue, ou la matière étendue, sujet et cause de toutes ces images que nous voyons en nous et qui sont le non-moi. La Force, la Résistance, la Couleur, la Saveur, la Forme elle-même seraient les attributs de l'Etendue matérielle.

L'Etendue peut-elle être autre chose que l'idée que nous prenons de l'Etendue?

Déjà Malebranche, Berkeley ensuite dans ses admirables dialogues d'Hylas et de Philonous, démontrent que ce que l'Ecole appelait les qualités secondes : la couleur, l'odeur, la saveur, etc., n'existent pour nous qu'en tant que nous les percevons. Elles ne sont que nos perceptions.

Il en est de même des qualités pre-mières de l'Etendue, de la Force, de la Résistance. Il n'existe donc pas de substance matérielle distincte de la pensée — ou, si elle existe, elle reste inconnaissable à la pensée. L'âme ne peut connaître que des états de conscience. Seuls donc les états de conscience existent. Les uns nous apparaissent comme étant nous, comme les ouvriers de notre organisme mental, les autres sont en nous mais ne sont pas nous.

# XVI

## LES AMES ÉTRANGÈRES

Les états de conscience qui, en nous, constituent notre non-moi, vivent en nous. Leur vie agit sur notre vie, la modifie et l'informe. Vivre c'est penser. Ces non-moi sont donc des âmes de la même nature que notre âme, des âmes dont l'activité tend à se combiner avec notre activité propre.

Elles vivent en nous, ces étrangères; elles sont des désirs d'être, ou des velléités ou des appétits d'être. Peut-être sont-elles les conditions de la réalisation de notre être, peut-être sommes-nous aussi les conditions de la réalisation de leur être?

## XVII

LE MONDE EST UN ENSEMBLE

DE CONSCIENCES

QUI SE DÉPLOIE VERS L'AVENIR

Tout est vie dans le monde, tout est conscience, tout est pensée. Vivre c'est penser pour connaître, connaître pour agir, pour faire et pour se faire.

Des consciences étrangères vivent en nous et retentissent en nous, sourdement et pour ainsi dire inconsciemment. Parfois elles nous présentent une vision fugitive, claire à demi, plus rarement la vision est distincte.

Dans l'univers comme en nous tout est vie, pensée, conscience. Le macrocosme et le microcosme poursuivent ensemble leur destinée. Entre toutes ces âmes qui travaillent en nous ou qui besognent, il n'existe pas de différence de nature. Toutes sont des âmes, plus ou moins.

# XVIII

## LE MONDE EST PEUPLÉ D'AMES

Le monde est peuplé d'âmes. Chacune des âmes, qui entre dans une synthèse, est elle-même une synthèse. Chacune en effet a conscience de son être et par conséquent se distingue de ce qui n'est pas soi.

De ce point de vue, le Vivant Univers déploie sa vivante énergie en vue de réaliser sa fin.

Obscurément ou clairement, nous ne saurions le dire, l'Ame universelle, agrégat de toutes les âmes, des plus humbles et des plus élevées, se propose une fin. Cette fin lui apparaît comme son être véritable. Seules peut-être les plus intelligentes et les plus

raisonnables parmi les âmes ont reçu
de la Nature la mission de prévoir cette
fin, de la désirer, de la vouloir. Ont-
elles le pouvoir de la réaliser?

# XIX

## LA MONADOLOGIE DE LEIBNITZ

Leibnitz se représente le monde comme constitué par un ensemble de monades ou âmes conscientes à des degrés différents. Au plus bas degré, la monade nue, dont les perceptions obscures et confuses ressemblent aux perceptions que pourrait prendre un homme qui aurait longtemps tourné sur ses talons. Ensuite, en remontant, par degrés successifs, du moins parfait au plus parfait, les âmes des végétaux, des animaux, les âmes humaines. Au plus haut degré, l'âme divine dont toutes les idées sont claires et distinctes. Dieu aperçoit dans un éternel présent les êtres et l'évolution des êtres, que, par une fulguration, sa pensée a créés.

C'est l'harmonie préétablie par la sagesse, par la providence divine.

Et le monde s'élève de la matière à l'Esprit. Le monde des esprits est la cité de Dieu.

Tout ce qui est, est nécessairement tel que Dieu l'a voulu. Le sage n'a pas à refaire l'œuvre de Dieu, il n'est qu'un ouvrier de Dieu qui a sa tâche à remplir. Il la remplira joyeusement, sitôt que son intelligence se sera élevée à comprendre la perfection relative et la beauté et la bonté de l'œuvre divin.

## XX

PERFECTION SELON LEIBNITZ

Dieu, parce qu'il est parfait, ne peut créer qu'un monde d'une perfection relative. Si le monde était parfait absolument la Nature naturée, comme l'appelle Spinoza, ne pourrait plus être distinguée de la Nature naturante. Ce serait le panthéisme. Le créateur parfait se distingue nécessairement de la créature nécessairement imparfaite. Le monde, œuvre de Dieu, ne peut être que le plus parfait ou le moins imparfait des mondes. Ainsi en a décidé la providence du Tout être.

Par la méditation, les moins imparfaites des créatures de Dieu arrivent à concevoir la perfection divine. Par la méditation, les sages montent vers

Dieu. Ils ont sacrifié en eux le vieil Adam, ils ont dépouillé la bête pour vivre dans la contemplation de la perfection divine.

La beauté de Dieu et sa bonté sont révélées au sage. Et c'est la vie heureuse.

Philosopher c'est comprendre Dieu, c'est aimer Dieu.

# XXI



### L'HARMONIE PRÉÉTABLIE

Nous voici très loin de l'intellectualisme cartésien. Mais la doctrine de Leibnitz est encore un intellectualisme.

Sa mathématique est moins rigide, plus vivante que la mathématique de Descartes. Elle est tout de même une mathématique. Les êtres sont tels que Dieu les a créés de toute éternité. Ils vivent et agissent conformément à la loi d'harmonie préétablie par l'intelligence du créateur.

Les plus élevées d'entre les créatures sont libres. Dégagées de l'erreur, leur intelligence voit les choses telles qu'elles sont, comprend qu'elles ne peuvent être autres ou autrement. C'est pourquoi le penseur donne son assentiment à l'ordre de choses, le veut et l'aime, parce qu'il en comprend les beautés. La liberté ne serait-elle donc que le consentement de l'âme au déterminisme universel?

Une harmonie préétablie implique l'enchaînement rigoureux des effets et des causes. Ce qui est, puisqu'il est tel qu'il est, ne peut être autrement qu'il est. Le sage n'est libre que parce qu'il a consenti à son esclavage.

# XXII

## LE MONDE SELON LEIBNITZ

Le monde pourrait être comparé à une pyramide dont la pointe resplendit dans la lumière.

Mais si la pyramide a un sommet, elle n'a, pour ainsi dire, pas de base. Elle descend de la perfection absolue à une imperfection de plus en plus imparfaite.

Tous les êtres créés sont des âmes ou des consciences. Chaque âme, si imparfaite qu'elle soit, se représente l'univers selon son point de vue. Elle n'est à vrai dire qu'un point de vue de l'Univers. Et cette vision est plus ou moins exacte, selon que l'âme est le lieu d'un plus grand nombre d'idées claires et distinctes. Une âme en effet ne peut pas communiquer avec les autres âmes : elle n'a, dit Leibnitz, ni portes, ni fenêtres sur le dehors. Tout ce qu'elle voit, lui apparaît alors qu'elle déroule ses replis. Et les âmes ne diffèrent les unes des autres que par la clarté de leur vision.

Elles s'étagent par degrés successifs. Les moins parfaites sont à la base, les plus parfaites se rapprochent de la pointe de la pyramide.

Les plus humbles d'entre elles n'ont que des appétits, des désirs, des velléités ; elles ne prennent, du monde ou d'elles-mêmes, qu'une vision obscure.

Du sommet où elle est située, l'âme divine embrasse d'un regard l'Univers tout entier.

Pour Leibnitz comme pour Descartes, comme pour Spinoza, Dieu est l'Etre des êtres, l'*Ens realissimum*. Tout ce qui existe n'existe pleinement qu'en lui. Toutes les âmes existent en Dieu de toute éternité. D'autre part la Création divine retentit dans toutes les âmes reliées les unes aux autres par les lois préétablies de l'harmonie, les âmes aperçoivent, plus ou moins confusément, la sagesse et la perfection de Dieu.

Mais que devient l'existence dés créatures si elles ne sont pas autre chose que la vision ou la pensée que Dieu prend d'elles au moment où il les crée ?

Nous voici bien près de l'illusionisme et l'on songe à la curieuse formule de Çakya-Mouni :

Le monde n'est que le rêve de Brahma. Et Leibnitz n'oserait pas ajouter :

Brahma n'est que le rêve du sage.

# XXIII

## LA MÉTAPHYSIQUE SUBSTANTIALISTE

La grande erreur qui vicie la plupart des systèmes philosophiques tient à ce que presque tous les chercheurs se sont préoccupés surtout de spéculer sur la notion de cause.

On philosophe, pour comprendre, pour savoir, et l'on croit comprendre comment ce qui est existe, parce qu'on a situé, au delà du paraître, un être en soi d'où ce paraître est sorti.

La plupart des systèmes se proposent d'établir une science de l'être. Savoir dit-on, c'est savoir par les causes. Celui qui connaîtrait la cause des causes serait le maître du savoir et le maître du monde.

Mais les causes ne peuvent rien

expliquer. Elles ne sont que des antécédents des phénomènes, elles ne les produisent pas. Personne n'a le droit d'affirmer que le présent est gros de l'avenir.

# XXIV

QUE SAVONS-NOUS?

Il nous est impossible de remonter
au delà du paraître, pour atteindre
l'être. Nous n'affirmons qu'un mot en
affirmant l'existence d'une substance
matérielle ou spirituelle. La conscience
ne peut percevoir que des images ou
des idées. Les idées ne sont elles-
mêmes que des images intérieures, des
visions, les visions de l'âme.

Ces visions se succèdent en elle, elles
vont, elles se déploient vers l'avenir.
Si nous ne savons pas d'où viennent les
choses, si nous ignorons d'où nous ve-
nons, nous ne savons pas davantage où
elles vont, où nous allons. Nous constatons seulement qu'elles vont, qu'elles
se déplacent. Et nous essayons alors de

prévoir où elles vont, où elles nous con-
duisent, peut-être où elles nous entraî-
nent. Aussitôt se présente à la pensée
l'inquétant problème : Dépend-il de
nous de diriger les images de notre
âme vers une fin que nous avons prévue?

Cette fin, c'est l'idéal des choses et
c'est notre idéal. Les choses ne sont pas,
elles tendent vers l'être et nous tendons
de même vers l'être, vers un être que
nous voudrions réaliser.

Nous ne connaissons pas pour savoir,
nous connaissons pour faire et pour
nous faire.

# XXV

## LES FONCTIONS DE LA CONSCIENCE

Voir, revoir, prévoir! Une conscience n'est qu'un ensemble de perceptions en rapport les unes avec les autres. Etre conscient c'est percevoir des images, des idées. Etre conscient c'est encore se souvenir ou revoir ce qu'on a déjà vu. Etre conscient c'est enfin imaginer, prévoir où vont les images et les idées qui s'agitent en nous et qui, si souvent, nous mènent.

Les autres fonctions de la conscience dérivent toutes de la perception de la mémoire et de l'imagination.

# XXVI

## IMAGINER C'EST VOULOIR

La conscience ne perçoit et ne se souvient que pour imaginer et pour prévoir. Elle ne prévoit que pour agir ou pour vouloir; du moins dans tous les cas où elle n'est pas entraînée à l'acte par les visions ou les revisions qui l'émeuvent et l'excitent. En ce cas, l'âme n'agit pas, elle est agie. Elle ne peut croire qu'elle agit que si elle prévoit la fin où elle voudrait tendre, quand elle veut faire ou se faire. L'imagination est donc la grande fonction de la conscience. Elle met en branle l'activité et la volonté.

L'homme ne vit à proprement parler que dans la mesure où il exerce sa fantaisie, que dans la mesure où il crée. Sa fantaisie vivante et agissante peut prévoir une fin et, parce qu'elle la prévoit, elle veut la réaliser. De ce point de vue, imaginer, c'est vouloir.

Mais la fantaisie n'est pas toujours consciente. Quand elle se déploie au hasard, elle est la folle qui se plaît à faire la folle et qui finit par être dupe de sa folie. Les images autrefois perçues reparaissent en nous, d'elles-mêmes et en désordre, parfois dans un semblant d'ordre. Les visions qu'elles nous présentent dans les rêves, dans les états d'hypnose ou de somnambulisme, enfin dans l'hallucination s'imposent à nous si fortement que nous ne pouvons plus douter de leur existence. Nous sommes celui qui ne sait plus douter. Et c'est la Folie.

# XXVII

## LA PUISSANCE DE LA RAISON

Vivre, à proprement parler, c'est conduire à leur fin les états, ou certains états de la conscience qui se présentent à nous sous l'apparence de visions, de revisions, de prévisions. Que dans bien des cas nous soyons poussés à l'action par la vision elle-même, nous l'avons dit. Le grand problème est de savoir s'il est des cas, si rares soient-ils, où nous sommes vraiment les maîtres de nos images?

Maîtres des images nous serions la raison des choses et notre propre raison, une raison agissante, ouvrière d'elle-même et architecte du monde.

Mais sommes-nous les maîtres de nos images?

# XXVIII

## LA SUPERSTANCE

L'âme qui prévoit sa fin ou son idéal
peut-elle, sinon le réaliser, du moins
travailler à sa réalisation?

Elle devrait, pour exercer cette puissance, spéculer non plus sur la cause
ou sur les causes des êtres, mais s'appliquer à déterminer la fin où ils de-
vraient tendre. Le Philosophe n'est pas
celui qui connaît, il est celui qui veut
connaître pour se connaître. Les choses
vivent, elles participent de notre vie;
nous participons de leur vie.

Ce que seront les choses dans l'avenir, nous nous appliquons à le prévoir,
de même nous nous appliquons à prévoir ce que nous serons dans l'avenir.
Il ne faut donc pas chercher la vérité

des êtres et notre propre vérité, dans une substance qu'il nous est impossible d'atteindre, mais dans une *superstance* que notre fantaisie créatrice situe toujours en avant de nous et que nous appelons notre être véritable.

# XXIX

## LA PRÉVISION DE NOUS-MÊME

Nous pouvons prévoir de différentes manières. Nous pouvons prendre, des choses qui vivent en nous, et de nous, des idéals successifs et différents.

Cette statue que notre fantaisie dresse dans les lointains de l'âme et que nous voudrions sculpter change souvent d'aspect dans le cours de notre vie. Même quand nous sommes de bonne foi, et nous ne le sommes pas toujours, un moment arrive où nous sommes contraints à reconnaître que nous avons fait fausse route : l'idéal que nous avions choisi n'est plus maintenant qu'un idéal menteur. Découragés, nous renonçons à découvrir la vérité des choses et notre propre vérité.

XXX

## L'IMPUISSANCE DE LA RAISON

Comment le chercheur de lui-même pourrait-il savoir que c'est à la réalisation de sa vérité que tendent ses pensées et ses actions?

Ce qu'il appelle son idéal n'est peut-être qu'un fantôme qui s'évanouira au moment où il croira le saisir. Comment l'âme pourrait-elle atteindre une vérité qu'elle est impuissante à définir?

C'est le drame de la pensée. L'âme voudrait agir, elle voudrait faire. Elle ignore ce qu'elle doit faire pour faire et pour se faire.

# XXXI

## LE COMMENT ET LE POURQUOI

Nous prévoyons notre vie, c'est un fait de conscience. Nous nous mettons à la fenêtre pour nous regarder passer dans la rue. Nous croyons savoir où nous voulons aller. Nous croyons le savoir, mais pouvons-nous le savoir?

Il ne suffit pas de vouloir pour pouvoir.

C'est le pouvoir, au contraire, qui est le signe du vouloir. Ce n'est qu'après avoir réalisé sa puissance que l'on sait que l'on a voulu. Si l'âme, qui voudrait penser et agir raisonnablement, ignore ce qu'elle doit faire pour faire et pour se faire, elle ne peut dire qu'elle peut, elle n'a même pas le droit d'affirmer qu'elle veut. Elle constate en elle, des poussées de vie, des mobiles, des motifs d'action, qui s'agitent. Et ce sont les *comment* de son activité, l'étoffe dont sa vie est faite, sa vie qui se déroule devant ses yeux.

Elle voit *dans ces comment* la raison du pourquoi. Elle se dit que c'est pour elle, pour collaborer à sa propre réalisation, que toutes ces âmes travaillent; elle affirme triomphante : c'est moi qui les dirige. Moins ignorante, mieux avertie elle dirait : ces êtres dont j'ignore l'être, façonnent ma vie à venir. Je ne puis, moi, que constater leur ouvrage. Au moment où je crois affirmer ma puissance de faire, j'affirme mon esclavage.

Je suis une résultante. Ce qui est fait ne fait pas.

# XXXII

## L'UNITÉ DU MULTIPLE

L'âme ou la conscience n'est pas un être distinct de la multiplicité des êtres qui vivent en elle.

Son unité ne peut-être que l'unité d'un multiple.

Ce que nous appelons notre âme c'est ce que Platon appelait *le lieu des idées;* c'est le théâtre où viennent se jouer des images, des pensées, des désirs, des velléités, peut-être des volitions. Nous les disons nôtres parce qu'ils sont en nous, mais ils viennent en nous du dehors, du non-moi. Et nous ignorons toujours la nature de ce non-moi

Notre âme ne serait donc que l'âme de ces âmes, la résultante de leurs efforts.

D'autre part, l'unité de l'âme de ces âmes n'est jamais définitivement fixée.

Han Ryner écrit avec profondeur : « Je ne puis appeler « moi » l'âme de mon âme, la monade supérieure qui dominerait dans mon âme multiple. Je ne me crois pas construit sur ce modèle. Je me sens trop changeant, trop variable, trop voyageur de l'une à l'autre de mes richesses intérieures. Plusieurs âmes, il doit y avoir plusieurs âmes, plusieurs êtres supérieurs à la populace de mon âme. »

Or toutes ces âmes supérieures successives, qui sont faites et qui sont défaites alors même qu'elles croient faire et se faire, je ne puis que les constater successivement. Elles ne pourraient affirmer qu'elles sont les ouvrières d'elles--mêmes que si l'une d'elles avait la puissance de choisir, parmi tous les ouvriers qui la façonnent, ceux qu'elle appellerait à bon droit ses ouvriers véritables.

# XXXIII

## L'AME EST-ELLE AUTRE CHOSE
## QUE LE SPECTATEUR D'ELLE-MÊME

Le chercheur sait seulement cela de science certaine; il est le spectateur du drame qui se joue en lui. Ce drame, c'est lui-même. Il est le drame et les acteurs du drame. En lui se joue et par lui, le drame incohérent et vivant.

Peut-il se considérer comme l'auteur de la fable dont les péripéties se déroulent devant lui. Il pense diriger l'action, n'est-ce pas plutôt l'action qui l'emporte et qui l'entraîne? Il croit jouer le drame, c'est peut-être le drame qui le joue.

# XXXIV



## LE PROBLÈME

Examinons de plus près le problème.

La monade centrale, l'âme de nos âmes, nous apparaît, à la réflexion, comme le lieu des images ou le lieu des idées. Vivante, changeante, elle n'est, à vrai dire, qu'un point de vue d'où nous apercevons la multitude des vies qui s'agitent en nous et que nous appelons notre moi.

Elle est encore un champ clos, un champ de bataille où des êtres divers, partant, des consciences diverses, se rencontrent, luttent pour vivre, se livrent, afin d'accroître leur être, de furieux combats.

Dans ces combats les plus forts sont vainqueurs ou les plus habiles. Nous sommes les témoins de la bataille, nous triomphons avec ceux qui triomphent; les autres, qui étaient nous pourtant, eux aussi, ce sont nos vaincus, nos blessés ou nos morts.

Que pourrait donc être notre âme en dehors de ce combat dont elle suit les phases, dont elle enregistre les résultats? La vie change, elle se fait et se défait tous les jours. Les vainqueurs ne sont pas toujours les mêmes. Quelle sera notre âme de demain?

# XXXV



## LE SPECTACLE DE NOUS-MÊME

Regardons en nous avec plus d'insistance encore : notre destinée est en jeu. Parfois angoissée, notre âme suit les péripéties du combat : les armées ennemies se disputent la victoire.

Ces êtres divers qui se battent en elle, elle les qualifie, elle les juge. Elle appelle les uns ses ennemis, les autres ses amis. Elle désire la défaite de ses ennemis. Si ses ennemis l'emportent, elle se déclare vaincue. Elle n'est plus qui elle aurait voulu être.

C'est donc que l'âme prend parti dans la lutte. Elle voudrait diriger le combat, conduire à la victoire les amis de son être. Elle sera vaincue peut-être. Il lui arrivera souvent d'être obligée d'avouer sa défaite. Du moins elle a combattu. Quand, inactive, elle n'est que le témoin du combat qui se livre en elle, cette conviction lui reste qu'elle aurait pu combattre si elle l'avait voulu.

Elle croit donc toujours qu'elle peut se faire, en partie du moins, l'ouvrière de sa destinée.

# XXXVI

## LES MONADES SERVANTES

Nous ne sommes pas seulement les spectateurs du drame, mais les acteurs. Nous agissons dès que nous prévoyons la fin où tend notre activité. Les états de notre âme sont des images, ou des idées, ou des passions. Ces manières d'être ne peuvent résulter que de l'activité en nous des non-moi avec lesquels notre moi est en rapport. Ils vivent en nous et ils agissent. Cette activité est l'excitant de notre vie.

Si toutes ces âmes secondaires combinaient leurs efforts pour réaliser une œuvre de beauté conçue par la noergie de l'âme centrale, nous dirions qu'elles sont les fidèles serviteurs de notre âme. C'est pour notre activité que leur activité se réaliserait. Leurs efforts désintéressés seraient au service de notre âme, créeraient notre vérité, notre beauté.

Notre âme d'abord, et, par suite, le monde, seraient constitués par un agrégat de monades ou de consciences plus ou moins conscientes, vivant en harmonie entre elles et formant en nous une hiérarchie d'êtres. Et, dans cet agrégat, les âmes inférieures seraient les servantes obéissant toujours à la volonté raisonnable de l'âme centrale.

L'âme centrale qui dirige leur activité, nous apparaît la condition nécessaire de la réalisation de notre être.

Une âme déployant ses pensées en harmonie avec elle-même, en harmonie avec le monde, serait la résultante des harmonies particulières qui la composent.

# XXXVII

## LES MÉCHANTS SERVITEURS

Les monades servantes ne sont pas toujours pour l'âme supérieure des serviteurs dociles.

Peut-être obéissent-elles à une obscure volonté de puissance? Pourtant elles ne peuvent vivre d'une vie normale qu'en restant solidaires de l'agrégat qu'elles ont pour mission de constituer. Dès que leur activité apparaît à l'âme, incohérente, désordonnée, inharmonique, les servants ne collaborent plus à la réalisation de l'âme supérieure. Ils travaillent à la maîtriser, à la dissocier, à la détruire, Auraient-elles l'ambition de la supplanter?

Alors surgissent les caprices, les impulsions. Les passions déprédatrices explosent, c'est la guerre intestine. Nous perdons aussitôt la maîtrise de nous-mêmes.

Dirons-nous que l'âme centrale, oublieuse de sa dignité, a laissé libre carrière à l'activité spontanée des âmes servantes? Les méchants serviteurs se sont révoltés, la déraison est victorieuse.

Et l'âme, humiliée par sa défaite, ne peut que constater sa ruine.

# XXXVIII



Dans toute âme ou conscience, si violente que puissent nous apparaître ses appétits et ses désirs, l'activité est toujours étroitement rattachée à l'intelligence.

Plus une âme a d'idées claires et distinctes, plus elle pense, plus elle est capable d'agir.

L'âme supérieure, résultante de l'activité des âmes secondaires, est, plus que ces âmes secondaires, capable de juger, de prévoir et d'agir. Quand donc l'âme centrale devient l'esclave des âmes secondes en révolte contre elle, elle fait abandon de sa dignité, elle n'est plus une pensée vivante et agissante. Elle n'agit plus, elle est agie.

# XXXIX

## LA PART DU DÉTERMINISME

Plus un homme est intelligent, plus il se regarde comme le maître de ses images, de ses pensées, de ses actions.

Servantes de l'âme centrale, les âmes secondes ne se représentent que des idées, obscures plus ou moins, des appétits plutôt que des aspirations, des désirs et des velléités plutôt que des volitions réfléchies.

Elles tendent à l'être sans doute ; elles y tendent spontanément et confusément. Elles n'agissent pas, elles besognent. Nous les voyons besogner en nous. Elles sont en quelque sorte le mécanisme de notre âme, la part de déterminisme indispensable pour que notre moi s'apparaisse donné à lui-même.

Cette besogne des monades servantes détermine la fixité apparente des grands phénomènes de la Nature. En nous, elle fixe nos instincts et nos habitudes. Leibnitz a dit : « L'homme est mécanique dans les trois quarts de ses actes ». Et ce n'est pas assez dire.

La Nature ne peut exister qu'à la condition de former un ordre, ordre très relatif sans doute mais qu'il est impossible de nier. Il existe des lois qui régissent les phénomènes naturels, de même des lois régissent les phénomènes de conscience. C'est la part à faire au déterminisme et qui est grande.

Mais, ainsi que le remarque Emile Boutroux, il existe toujours plus ou moins de contingence dans la succession et dans l'évolution des phénomènes.

# XL

LA CONTINGENCE

La part à faire à la contingence grandit à mesure que les âmes centrales occupent, dans la hiérarchie des êtres, une dignité plus haute. Pour les âmes supérieures, conscientes de leur pensée agissante, il est difficile de prévoir comment se déroulera en elle l'activité des âmes secondes qui les informent. Cette activité qu'elles constatent, échappe le plus souvent à leur contrôle.

Le penseur qui affirme exactement connaître les lois qui régissent les choses appelées matérielles ignore pourtant la vie latente de ces choses qui sont vivantes, qui ont par conséquent des appétits.

La plus humble des plantes se présente à nos yeux comme un individu distinct.

Elle est une âme qui a ses servants, sans lesquels sa vie deviendrait impossible. Elle combat pour vivre; elle fait effort vers la lumière.

Nous connaissons peu les animaux, nous les connaissons mal. Il faudrait pouvoir se placer à leur point de vue pour apprécier leurs pensées et leurs actes, et nous jugeons leur mentalité du point de vue de notre superbe.

Ils n'ont, affirmons-nous, que des appétits ou des désirs, tout au plus des velléités. Est-ce bien sûr?

# XLI

## LES ANIMAUX
### SONT DES INDIVIDUALITÉS DISTINCTES

Chaque animal a son individualité propre : ses qualités, ses défauts. Il est à présumer qu'entre les individus d'une espèce animale, il existe autant de différences — mais nous ne savons pas les voir — qu'il en existe parmi les hommes.

Quand Schopenhauer affirme que tous les chats sont le même chat parce que tous les chats font, pour se débarbouiller, les mêmes gestes, il affirme une sottise.

# XLII

## LA PUISSANCE DE LOGICATION

La principale différence qui sépare l'intelligence de l'homme de l'intelligence des animaux supérieurs tient à la puissance, si grande chez l'homme, de logiquer les états de sa conscience.

Plus que l'homme, l'animal s'abandonne à sa vie ou à ses instincts.

Les hommes, au moment où ils s'appliquent à exercer leur intelligence, qualifient les images pour les grouper. Pour établir ce groupement il est nécessaire de faire un choix parmi les représentations, d'écarter les unes pour accepter les autres à bon escient.

Sans doute les actions d'un homme ne sont pas toujours délibérées. Mais il n'agit humainement que dans les cas où il ordonne des images et des pensées pour mieux en prévoir et en déterminer la valeur. L'intelligence de l'homme est donc essentiellement logicienne.

## XLIII

L'ACTE RATIONNEL. L'ACTE RAISONNABLE

L'acte rationnel n'est pas nécessairement l'acte raisonnable, mais l'acte
raisonnable est toujours rationnel. Le
déraisonnable peut être objet d'intelligence et rationalisé.

L'acte rationnel apparaît possible,
réalisable, il n'est pas contradictoire en
soi. La volonté par conséquent peut
vouloir cet acte, même si elle prévoit
que cet acte, qu'elle se propose d'accomplir, n'est pas celui qui devrait être
accompli.

La logique n'est pas une science qui
découvre des vérités; elle n'est qu'une
méthode qui s'applique indifféremment
à tous les états de conscience afin de
les ordonner, de les rendre intelligibles.

Tout ce qui est intelligible n'est pas vrai. Le chercheur de vérités n'est pas le logicien mais le psychologue.

# XLIV



Il n'est possible de penser clairement qu'à la condition d'ordonner ses idées. Spontanément une intelligence normale descend du général au particulier pour remonter du particulier au général. La déduction et l'induction semblent être deux opérations contraires de l'intelligence, la logique inductive se distingue de la logique déductive.

Ce n'est là peut-être qu'une apparence. Il faut comprendre en effet que la méthode inductive ne peut avoir de valeur que si l'observateur a déjà présupposé la vérité qu'il veut découvrir. L'hypothèse précède toujours l'induction et lui sert de guide.

Connaitre une vérité c'est la prévoir.

Prévoir la vérité c'est la deviner. Et le devin n'a jamais l'assurance de ne pas se tromper.

L'intelligence court sur les choses. Elle les rapproche, elle les sépare pour mieux les voir; elle les décompose en leurs éléments; elle en forme ensuite des synthèses claires. Si méthodique qu'elle soit et si ingénieuse elle n'est jamais assurée de découvrir la vérité des choses et sa propre vérité. La logique nous apprend seulement à rester d'accord avec nous-mêmes. Elle apporte la clarté au discours, non pas la vérité.

# XLV



## LES SCIENCES PURES

Il est un cas pourtant où la logique est ouvrière de vérité, quand ses lois ou ses procédés sont appliquées à des images ou à des idées abstraites.

Ces images et ces idées sont des visions directes de l'intelligence, des concepts qu'elle peut ordonner et qui, ordonnés, deviennent, pour la contemplation pure, une vision très belle de formes idéales.

La logique, l'algèbre, la géométrie, euclidienne ou non euclidienne, la mécanique rationnelle, sont des sciences pures. Elles sont vraies, il est possible d'en démontrer les propositions, mais elles ne sont pas réelles. Elles ne sont que des théorèmes, des visions rationnelles de la raison rationnelle.

Ce n'est pas l'esprit géométrique qui crée des vérités vivantes, c'est l'esprit de finesse, l'esprit critique.

# XLVI

## LA LOGIQUE DU CŒUR

La logique n'est donc qu'une ratio-
nalisation des visions de la pensée. Mais
la logique de l'intelligence ne peut pas
être la logique du cœur.

Le cœur, a-t-on dit, a des raisons que
la raison ne connaît pas. Il semble plus
vivant que l'intelligence. Plus que les
idées, les émotions, les sentiments, les
désirs, les passions ébranlent l'âme.

A vrai dire, les fonctions passionnel-
les ne se séparent jamais complètement
des fonctions intellectuelles. Les raisons qui inclinent le cœur à agir, res-
sortissent plus ou moins à l'intelligence, nous pouvons les comprendre
et les juger.

Il serait donc possible de formuler

une logique du cœur qui conditionne-
rait les passions, de même que la logique de l'intelligence conditionne les
idées. Elle nous enseignerait à philosopher avec nos passions ainsi que le re-
commande Aristote. Elle ne serait pas
une mathématique mais une sorte de
discipline vivante des noergies de la
pensée appliquées aux états de la sen-
sibilité, pour les contenir et les diriger
vers une fin prévue.

C'est une erreur de Spinoza de penser que l'esprit géométrique suffit à résoudre les problèmes du cœur.

# XLVII



Il ne suffit pas de comprendre pour agir. Il faut encore aimer ou haïr. La logique de la passion une fois constituée conduirait à l'établissement d'une logique de l'activité et du vouloir.

Cette logique voudrait être non plus seulement rationnelle mais raisonnable. Elle examinerait les *cas de conscience,* ceux que l'expérience a déjà enregistrés, ceux qu'il serait encore possible de prévoir. Et tous seraient minutieusement soumis à la critique de l'esprit de finesse. Si le psychologue peut être appelé le logicien des passions, l'*éducateur* est le logicien de l'activité volontaire. Sa mission est de discipliner les volontés, de préparer dans le monde le règne des volontés raisonnables.

# XLVIII

## L'ACTION

L'âme humaine est un vouloir faire parce qu'elle est un vouloir être. Vivre, c'est agir.

Mais, avant de vouloir nous faire, nous désirons nous faire. Le désir n'est pas une volonté qui veut, mais une volonté qui voudrait. Le désir ignore s'il aura la puissance de réaliser l'acte qu'il voudrait accomplir. Désirer, c'est vouloir agir.

Mais il ne suffit pas de vouloir, il faudrait pouvoir. Quelle est donc la puissance d'une volonté qui croit être raisonnable?

# XLIX

LA MAITRISE DE SOI

Un homme ne pourrait affirmer à bon droit qu'il est son propre maître, qu'à la condition de savoir pourquoi il fait ce qu'il fait. Mais un homme peut-il se considérer comme le maître de ses pensées, de ses désirs, de ses passions, de ses actes ?

# L

## QUE POUVONS-NOUS?

Des images passent et se heurtent, des instincts se dressent. Ils se ruent à la vie, les fauves grondent dans les cavernes de l'âme. Ce n'est plus un être, c'est une multitude d'êtres qui s'agitent. Ils ne peuvent vivre qu'à la condition de combattre, de se combattre. Pourtant, ce que nous appelons l'âme est la résultante de ces activités désordonnées, incohérentes.

Comment, dès lors, pour peu qu'il soit averti, un homme pourrait-il se regarder comme l'auteur de ses actes? Il n'agit pas, il est agi. Il est en quelque sorte le témoin de cette fabrication de lui-même. Il ignore comment ces âmes, qui le façonnent, travaillent en lui pour le façonner, et il affirme superbement qu'il dirige ces activités diverses. Il se dit l'arbitre de sa destinée. Plus clairvoyant, il comprendrait qu'il ne peut être que le spectateur de lui-même.

Comment pourrait-il croire qu'il a une puissance de faire, lui qui est fait et défait à chaque instant. S'il existe un auteur du drame, il n'est pas cet auteur. Peut-être l'auteur reste-t-il dans les coulisses.

# LI

LE DROIT DE CONTROLE

Le plus souvent, chez la plupart des hommes, la conscience n'est que la résultante des représentations qui se jouent en elle et qui la jouent.

Il n'est pas d'homme qui n'ait subi l'attrait des images et des idées, des désirs et des passions. La vie nous pousse; nous ne résistons que difficilement à ses poussées.

Sommes-nous donc nécessairement les esclaves des vivantes images, qui à mesure qu'elles se succèdent, façonnent notre vie?

Au moment où nous constatons que nous nous sommes laissés séduire par l'attrait des images, nous sommes convaincus qu'il dépendait de nous d'opposer à ces énergies bruissantes et désordonnées, les noergies de notre intelligence. Si les images nous ont entraînés c'est que notre intelligence a négligé d'exercer sur elles son droit de contrôle.

Exercer son intelligence, c'est faire un choix. Il est nécessaire de faire un choix parmi les mobiles de nos actions. Sinon, comment nous serait-il permis d'affirmer que nous sommes des êtres intelligents et raisonnables?

## LII

LA VOLIÈRE DE PLATON

Les oiseaux sont en cage, dit Platon, et l'oiseleur surveille leurs ébats.

Quand il sommeille ou somnole, d'elle-même la cage s'entr'ouvre et les oiseaux s'envolent. Ils se poursuivent : les ramiers déploient leurs grandes ailes, les tourterelles roucoulent, les rapaces montent vers les hauteurs.

Etonné, l'oiseleur ne songe pas à intervenir. Il n'a d'yeux que pour voir, d'intelligence que pour regarder le spectacle des choses et le spectacle de sa vie qui se joue en lui, devant son regard intérieur. C'est le sommeil. Le dormeur est visité par un songe. A son réveil les oiseaux rentrent docilement dans la cage. L'oiseleur se dit : ils ont obéi aux ordres du maître.

Il est des cas pourtant où, même quand il ne dort pas, sa vigilance est en défaut. La fantaisie alors a ouvert la cage et les oiseaux s'échappent non plus en désordre mais dans un ordre imprévu.

C'est la rêverie, le grand jeu de l'âme. Les images ailées se combinent. Elles représentent non pas la vie que nous vivrons mais des vies que peut-être nous désirons vivre, dont tout au moins nous aimons regarder les péripéties inattendues.

*Et nous jouons* des vies qui nous semblent désirables ou simplement possibles et nous sommes joués.

Si les images nous ont joué, nous étions les complices du jeu.

# LIII

## LES IMAGES HALLUCINANTES

Il est des moments où les images jaillissent spontanément sur la scène. Elles bousculent les autres, nous ne voyons plus qu'elles. Elles sont en nous, nous les voyons de nos yeux, nous les touchons de nos mains. Nous n'avons plus l'énergie de les chasser, nous ne pouvons plus douter de leur existence, même quand elles nous apparaissent incohérentes. Et l'âme perd de plus en plus la maîtrise d'elle-même. C'est la folie.

Le fou, dit Charles Renouvier, se reconnaît à ce qu'il ne doute jamais.

# LIV

## LA RÉFLEXION

Charles Renouvier a dit encore : « L'homme d'esprit se reconnaît à ce qu'il doute beaucoup. » Il est nécessaire d'avoir longtemps douté pour croire à bon escient. Il faut commencer par douter de tout. Il faut douter du ciel et de la terre, il faut même douter de l'amour si l'on veut apprendre à aimer.

Douter ce n'est pas se refuser à croire, c'est attendre, pour croire, d'avoir prévu quelles peuvent être, pour notre vie à venir, les conséquences de ces croyances. Douter, ce n'est pas se refuser à agir, c'est hésiter, attendre avant d'agir, attendre de savoir pour agir. Douter, en un mot, c'est réfléchir. L'homme ne réfléchit que quand il doute, que parce qu'il doute.

# LV

## LE RÊVE DE LA VIE RAISONNABLE

Réfléchir, c'est vouloir découvrir une vérité, c'est vouloir découvrir sa vérité, c'est faire le rêve raisonnable tout au moins rationnel de sa vie.

Un tel rêve pourra-t-il jamais être réalisé? Il faut agir, la vie nous pousse. Bon gré mai gré nous devons prendre des décisions avant de savoir si la décision prise est celle que nous devions prendre. Et l'activité de notre âme est toujours solidaire, tantôt plus, tantôt moins, de l'activité des autres âmes dont d'idéal n'est pas notre idéal.

Si leur activité était raisonnable, nous aurions le droit de croire, si différentes qu'elles soient de nous, que nous pouvons compter sur leur aide pour composer notre harmonie. Elles se trompent, souvent elles nous trompent et c'est en nous qu'elles vivent. Nous supportons les conséquences de leurs erreurs même dans les cas où elles n'ont pas voulu nous tromper.

On peut rêver la vie raisonnable. Peut-on seulement la **rêver**?

# LVI



J'appelle noergie la puissance mentale qui s'oppose, pour un temps, au flux des phénomènes de conscience. La noergie les contient, les arrête pour les examiner, pour les juger. L'âme noergique, qui réfléchit est donc autre chose que l'ensemble des états qui la constituent; elle est la puissance intelligente qui fait un choix parmi ces états.

Faire un choix est sa mission. Parmi les âmes secondes qui vivent en elle, elle *choisit ses amis,* elle écarte ses ennemis. Si elle ne parvient pas à contenir l'activité spontanée de ces vies qui s'agitent en elle, elle ne sera plus elle.

La noergie peut donc être définie :

l'action d'une volonté qui croit être raisonnable. Elle s'exerce sur toutes les puissances inférieures de l'âme pour contenir leur activité spontanée. Cette volonté est donc à la lettre *un vouloir ne pas, une nolonté.*

# LVII

## LA VOLONTÉ. — NOLONTÉ.

*Le vouloir ne pas* peut-il être considéré comme une activité libre?

Une activité libre n'est pas une activité indéterminée qui agit sans motif. Agir sans motifs, au hasard, n'est pas agir raisonnablement. Un acte raisonnable a pour motifs une prévision de la vérité raisonnable.

Mais cette prévision est idéale, elle n'est pas quelque chose qui est; elle est seulement quelque chose qui pourrait être, l'idéal que l'âme se propose de réaliser pour se réaliser.

On ne peut que tendre vers un idéal. Il se déploie toujours en avant de nous.

C'est pourquoi l'âme ne peut jamais savoir de science certaine si sa puissance de faire et de ne pas faire est vraiment une puissance. Elle ne peut que le croire. En tant qu'elle le croit, elle se croit libre.

Comment pourrait-elle croire que son activité est prédéterminée par autre chose que sa raisonnabilité? Par quoi serait déterminé cet acte mental qui n'est à vrai dire qu'un vouloir agir? Tout le temps que dure la réflexion, pendant que nous hésitons — et cette hésitation, elle aussi est un acte — comment pourrions-nous croire que cet acte de notre pensée vivante n'est pas un acte libre? Serions-nous donc, dans certains cas, prédéterminés à ne pas nous déterminer?

# LVIII

## LA LIBERTÉ D'INDIFFÉRENCE

L'âme serait-elle la victime d'une nouvelle illusion? Quand elle reste en suspens, qu'elle hésite, elle est sollicitée à l'action par des motifs d'égale force. Les forces égales se neutralisent et nous n'agissons pas. Nous n'avons pas de raisons d'agir. Ce n'est pas une noergie qui s'oppose à l'activité spontanée des âmes supérieures c'est simplement qu'aucune action n'est possible. Si nous n'agissons pas c'est que nous sommes déterminés à ne pas agir. La liberté d'indifférence n'est donc pas la liberté de faire ou de ne pas faire.

Mais ce n'est là encore qu'une croyance. Le penseur, déterministe qu'il s'avoue ou libertiste, ne peut accepter l'une des deux thèses qu'à la condition de la préférer à l'autre. Préférer c'est faire un choix. Au moment où le déterministe affirme le déterminisme, il l'affirme librement. Il ne peut choisir le déterminisme qu'à la condition de se croire libre. Et c'est là une contradiction dans les termes. (*Double dilemme de Jules Lequier.*)

Le penseur qui affirme librement sa liberté court sans doute le risque de se tromper. Son affirmation n'est qu'une croyance. Cette croyance lui permet au moins de donner une valeur à sa vie. Il se considère comme étant l'ouvrier de lui-même.

# LIX

## LA PUISSANCE DE NE PAS FAIRE

La nolonté est le *vouloir ne pas*, la puissance de ne pas faire! Pauvre puissance.

La puissance *de dire non* n'est pas déjà si méprisable. Le vouloir ne pas conditionne, prépare le vouloir. La volonté hésite à agir tant qu'elle ignore quel acte elle devrait accomplir. Dès qu'elle voit ou qu'elle croit voir avec clarté que tel acte est son acte, son hésitation cesse et l'acte s'accomplit par le seul fait que la noergie n'intervient plus pour l'arrêter.

Nous ne pouvons affirmer, même dans ce cas, que l'acte accompli est celui qui devait l'être. Une volonté raisonnable n'est pas nécessairement une volonté infaillible.

# LX

L'OUVRIER DE SOI-MÊME

Ouvrier de soi-même; Maître de soi, Architecte de soi! et pourquoi hésiterait-on devant cette conséquence : Architecte du monde!

Quelle superbe diabolique! La raisonnable raison se cherche indéfiniment sans jamais avoir l'assurance de se rencontrer. Elle est infirme, la raisonnable raison. A chaque pas qu'elle veut faire elle trébuche, et son ambition est sans limites!

Elle est celle qui veut toujours davantage, mais elle est encore celle qui n'est jamais certaine de pouvoir.

L'orgueilleux ouvrier de lui-même et du monde ne peut que risquer des actes au petit bonheur.

# LXI

## LA VOLONTÉ BONNE

Une âme raisonnable, qui se croit libre ne peut ignorer que le « fortuit et l'arbitraire sont au cœur de ses actes les plus excellents ». (*Jules Lequier.*) Elle peut donc seulement affirmer qu'elle voudrait être une volonté bonne.

Cette volonté, dit Kant, est semblable à une pierre précieuse. Elle brille de son propre éclat. Elle est l'intention de bien faire, ou de faire pour le mieux. L'âme raisonnable n'a, en bonne justice, qu'à répondre de ses intentions. Mais l'expérience de la vie nous démontre chaque jour que nous ne faisons jamais ce que nous nous proposions de faire.

La bonne volonté n'est pas une volonté bonne, elle est une volonté qui voudrait être bonne.

# LXII

## LES HARMONISATIONS

A mesure que la raisonnable volonté devient plus habile, plus ingénieuse à organiser la vie raisonnable, le penseur dresse dans son âme la statue belle, il a harmonisé entre elles pour les harmoniser à son idéal toutes les richesses de son âme. Il a discipliné les forces incohérentes qui vivaient en lui. Il a organisé la Nature.

La Grande Nature apparaît au penseur prodigieuse et formidable. Elle est une force qui fait effort en tout sens, une sorte de chaos vivant. Peut-être existe-t-il un ordre sous ce désordre et qui serait la raison de ce désordre, mais comment pourrait-on le découvrir?

Si la nature a des secrets, nous les ignorons. Nous la voyons toujours en lutte contre elle-même. Elle tue, elle crée, inlassablement, toujours au hasard.

Subordonnée à l'intelligence du penseur, organisée par sa raison raisonnable, la nature pourra devenir ouvrière de beauté.

Et c'est parmi toutes ces âmes frémissantes qui luttent entre elles pour conquérir la vie, que la raisonnable raison choisit, pour en combiner les efforts, les ouvrières de sa vérité.

Elle harmonise la beauté des choses à sa beauté. A la guerre odieuse, à l'injuste guerre, elle oppose son rêve de paix, de justice, d'harmonie, son rêve d'amour, son rêve de bonheur.

# LXIII

## LA VAINE ESPÉRANCE

Avant de philosopher, il faut vivre; il faut vivre pour philosopher. Il n'est possible de persister dans la vie qu'à la condition de se battre, de toujours se battre. Seul le vainqueur vit pleinement, il savoure les joies du triomphe. Le sage n'est qu'un vaincu de la vie, un humilié qui joue le rôle du renard de la fable.

A quoi bon rêver des rêves impossibles?

Tu es dans l'arène entouré d'ennemis. Prends ton épée et frappe sans pitié ceux qui veulent te frapper. Vainqueur, tu chanteras le joyeux Pæan, le reste n'est qu'une vaine espérance.

# LXIV



## LE MYTHE DE PANDORA

Dante s'est trompé : Non, pas même dans l'Enfer, la douce, la consolante espérance n'abandonne pas les cœurs ulcérés par la vie.

Depuis que la curiosité de Pandora a entr'ouvert le coffret de Zeus, les pestes et les guerres ravagent la terre. Craintive l'espérance n'est pas sortie du fatal coffret. Le coffret symbolise l'âme humaine pleine d'erreurs, capable de toutes les fautes, de tous les crimes, la pauvre âme qui cherche la vérité de la vie au delà des ténèbres de l'intelligence et des ténèbres du cœur. C'est l'espérance la très douce, la très bonne qui répand sur les blessures le baume qui les guérit.

# LXV


### LES RÉDEMPTEURS DE LEURS FRÈRES

Vivre humainement la vie, vivre dans la paix pour réaliser la justice, la beauté sur la terre! Tous les hommes, à certains moments de leur vie, ont rêvé le beau rêve.

Mais combien sont-ils ceux qui appliquent leur intelligence et leur volonté bonne à vivre la vie raisonnable? Quelques-uns à peine.

Eux seuls pourtant vivent leur vie. Ils forment le long des siècles les chaînons de la chaîne d'or. Ils sont, comme les appelle Charles Renouvier, les rédempteurs de leurs frères. Les autres, tous les autres qui se ruent à la tuerie et à la curée, s'agitent dans le plus affreux des cauchemars.

# LXVI



Si les hommes ne sont sur la terre que pour se battre et pour se faire souffrir, qu'est-ce donc que la vie?

C'est une joie de se battre. On déploie pour vaincre toutes les subtilités de l'intelligence. Et le fauve vainqueur pose sa griffe sur la proie, il est fier de sa puissance!

Ce puissant n'est que l'esclave de sa volonté de conquête.

# LXVII

## ÊTRE QUELQU'UN
## ÊTRE QUELQUE CHOSE

Celui-là seul est quelqu'un qui est capable de faire et de se faire.

Vivre ce n'est pas s'adapter plus ou moins bien à son milieu, vivre, c'est prévoir l'avenir pour organiser l'avenir. Prévoir sa vie, pour faire sa vie, c'est vouloir être soi-même, une personne et non plus une chose parmi les choses.

La personne se dresse au-dessus de l'individualité. L'individu n'est qu'une chose, la personne est quelqu'un.

Certes la personne ne se dégage jamais complètement de la vie des choses. Le sage n'obéit que trop souvent à ses instincts, à ses préjugés, à ses habitudes, à ses routines. Il ne sait jamais de science certaine si la vérité qu'il entrevoit et qu'il voudrait créer, est une vérité. Il croit être quelqu'un parce qu'il a le désir de faire sa vie.

Dépend-il de lui de la faire? A-t-il la puissance de la faire?

# LXVIII

## L'ACTE LIBRE

L'acte libre, l'acte décidé après réflexion, qui tend à réaliser une fin prévue, élève l'âme au-dessus du troupeau
des images. Elle est le berger qui les
dirige, qui les conduit.

Mais elle court toujours le risque de
se tromper; elle n'est que la volonté
bonne de faire et de se faire.

S'il est vrai qu'elle est libre, c'est au
hasard qu'elle cherchera sa vérité et sa
beauté.

# LXIX



## LA POURSUITE DE SOI

Si elle ignore ce qu'elle doit faire, la raisonnable raison sait du moins ce qu'elle doit ne pas faire pour se faire.

Elle est un ordre vivant. Ouvrière d'harmonie, elle ne peut vouloir le désordre, la laideur, la guerre et les souffrances de la guerre. Il est des actes qu'elle veut ne pas accomplir.

La tâche certes est difficile. Pas de répit pour l'âme. Elle va indéfiniment à la poursuite d'elle-même. Si elle résout une difficulté c'est pour en rencontrer une autre plus difficile encore. Pourtant, à mesure qu'elle s'élève, l'air est plus pur, la lumière plus éclatante.

Dans les bas-fonds la foule des guerriers se traîne. Ils se battent furieuse-

ment, les ouvriers de douleurs, ces con-
quérants qui croient vivre parce qu'ils
frappent de grands coups

C'est la grande pitié !

# LXX



## LA PITIÉ ACTIVE

Surtout que le penseur, même s'il croit avoir rencontré le dur sentier qui le conduira à la vie raisonnable, ne commette pas le péché de s'enfermer dans sa découverte comme dans une tour d'ivoire.

Une superbe métaphysique serait odieuse qui contemplerait, méprisante, des hauteurs où elle s'est élevée, le troupeau des vaincus de la vie.

Ces hommes, ces femmes, ces esclaves sont ses frères. Il ne suffit pas de les plaindre, il faut les secourir, avoir pitié de leurs souffrances, de leurs misères.

Le sage descendra de la cime radieuse pour pénétrer dans les cavernes. N'est-il point le messager de paix, le porteur de la bonne nouvelle?

Il est l'éducateur des âmes, celui qui les délivrera de leur ignorance et de leur laideur.

# LXXI

## L'ÉDUCATEUR DE SOI-MÊME
## L'ÉDUCATEUR DES AUTRES

Si c'était un nouveau piège que la déraison tend à la raison?

Si cette vérité pouvait être découverte, ce serait un devoir pour le sage de l'imposer à celles des âmes qui, par ignorance ou par malice, se refuseraient à l'accepter. Mais de quel droit le sage imposerait-il aux autres les vérités qu'il aime.

Le penseur ne pourra devenir l'éducateur des autres que s'il leur enseigne à découvrir leur propre vérité différente de sa vérité. Il ne peut se reconnaître que le droit de montrer aux autres sa vérité. Elle augmentera dans dans la mesure où ils la comprendront les richesses de leur âme.

S'il est vrai que toutes les âmes d'hommes peuvent être des personnalités distinctes, il faut comprendre que toutes peuvent prendre une conception distincte de la vérité. Mais toutes ces conceptions, si différentes qu'elles soient, se peuvent harmoniser parce qu'elles sont toutes raisonnables. Chacune d'elle apparaît à l'intelligence humaine comme un point de vue de l'universelle Harmonie.

# LXXII

## LA VIE BELLE

C'est par une harmonisation de toutes les volontés raisonnables que pourrait être, sinon réalisée, du moins conçue et définie, la vie humaine, la vie belle.

La vie belle ne serait-elle pas en même temps la vie heureuse? Ouvrière de vérité et de beauté, une âme raisonnable voudrait être encore ouvrière de joies nouvelles. N'est-ce pas une joie très haute et très pure que la contemplation de la beauté?

Elle va toujours de l'avant, courageuse et gaie, l'âme raisonnable. La souriante gaieté est sa vertu essentielle. Le sage, dit Han Ryner, a vaincu la tristesse. Il va joyeux à la découverte de la beauté. Il va... jusqu'au jour où ses forces le trahissent.

# LXXIII



Bon gré, mal gré, comme les autres hommes, le sage vit dans un milieu de guerre.

Aucune des souffrances de la vie ne lui est épargnée.

Il est las. La route à parcourir est longue encore et il n'a fait qu'entrevoir dans les lointains de son âme, la splendeur de la terre promise.

Semblable à une lyre, son âme a chanté la gloire de la vie. La lyre ne chante plus maintenant. Les unes après les autres, les cordes se sont rompues.

La fantaisie raisonnable du sage s'est appliquée à rêver le plus beau des rêves. Rêver n'est pas agir. A quoi bon rêver le règne de la justice, de la beauté, de la bonté, de l'amour puisque les hommes sont tous condamnés à vivre dans l'injustice, dans la douleur, dans la laideur, puisque tous les hommes sont condamnés à mourir.

# LXXIV

## LA GRANDE ILLUSION

La grande illusion de la vie apparaît parfois aux vieux, quand, par le souvenir, ils ressuscitent leurs morts.

Ils ne vivent pas eux, il revivent. La vie s'agite autour d'eux, une autre vie, qui n'est pas celle qu'ils ont aimée. Les jeunes s'en vont joyeux à leurs affaires, à leurs plaisirs; ils ne se doutent pas qu'ils sont les jouets de la grande illusion. Ils traitent les vieux avec politesse, quelquefois avec bonté. Mais ils ne croient plus qu'ils sont vivants et ils se détournent d'eux. Les vieux ont vécu, les jeunes veulent vivre leur rêve d'ambition, et leur rêve de gloire. Ils veulent vivre et les vieux sont les vaincus de la vie.

Le vieillard se voit mourir un peu plus chaque jour. Où sont les roses d'antan, que sont devenus ses rêves de beauté et ses rêves d'amour?

# LXXV

## LA GLOIRE

L'heure est venue, il faut partir, s'en aller on ne sait où, peut-être nulle part. Qui donc assemblera de nouveau les morceaux épars de la lyre brisée?

Ceux qui viennent après nous reprendront-ils le rêve que nous laissons inachevé, rêveront-ils un nouveau rêve?

Si pourtant notre rêve revivait en leur âme, s'ils pensaient de nous que nous avons été les glorieux porte-lumières de l'humanité? Ce serait la gloire.

La gloire! Quelle vaine espérance, quelle insupportable vanité!

Fais ta besogne, ouvrier, ne t'inquiète pas du reste. Le reste ne dépend pas de toi.

Pourquoi attendrais-tu une récompense de l'avenir? Tu crois être celui qui a semé le bon grain, que cette pensée soit ton réconfort.

Sache que celui qui sème n'est pas toujours celui qui récolte.

# LXXVI

## VANITAS VANITATUM

Qu'est-ce donc que la vie sur la terre?

Nos espérances s'envolent, il ne reste de nos rêves qu'un peu de fumée que dissipe le vent du soir.

Elles montent sur les tréteaux, les petites marionnettes. Elles se prennent au sérieux, elles croient *que c'est arrivé*. Les unes rient ou sourient, ce sont les plus courageuses et qui font à mauvaise fortune bon visage. D'autres font la grimace ou pleurent. Il en est qui s'essaient à des courbettes, qui s'appliquent à jouer un rôle. Elles sont quelquefois applaudies, pas toujours. Peu importe d'ailleurs. Elles n'apparaissent que pour disparaître. On connaît la chanson : Trois petits tours et puis s'en vont. Elles s'évanouissent comme des ombres.

# LXXVII



L'espérance, a dit Charles Renouvier, veille encore au chevet des mourants.

Nous croyons tous que les autres meurent, nous les voyons mourir, mais celui qui va mourir ne peut pas croire qu'il va cesser de vivre.

Ainsi reste toujours vivante au cœur l'espérance de l'immortalité. On disparaît ici pour reparaître là. Et la vie continue ou la vie recommence.

Ceux qui se suicident ne veulent pas tuer la vie, ils voudraient seulement tuer les misères et les souffrances qui les accablent.

# LXXVIII



### LA LYRE ENCHANTÉE

Les morceaux épars se rapprochent d'eux-mêmes; de nouveau la lyre est prête à chanter.

Ce n'est plus exactement la même lyre, elle ne peut donc pas chanter la même chanson. Elle est elle et elle est différente d'elle.

Elle a tout oublié, à l'heure de sa renaissance. Son passé est mort ou, s'il vit encore c'est d'une vie si obscure et si confuse que la mémoire ne peut plus la ressusciter. Son passé est mort, ce passé dont elle est en quelque sorte la fille.

Mais elle revit et sa curiosité de vivre est aussi ardente que jamais. La voici prête à affronter de nouvelles épreuves.

Elle va, courageuse, vers l'avenir, elle fait, la lyre enchantée, des rêves qui l'enchantent. Peut-être sera-t-elle une fois encore brisée avant d'avoir chanté sa divine chanson?

# LXXIX



## LA MORT ET LA VIE

Quel est donc cet enchantement?

La vie pourrait-elle venir de la mort?

Il ne faut pas dire : la vie vient de la mort; il faut dire la mort prépare la vie.

Notre passé se réveille. Nos morts sortent de leur tombe pour commander à notre vie. Le présent, dit justement Auguste Comte, est composé de plus de morts que de vivants.

Vivre pourtant n'est pas se souvenir. Nous ne rattachons l'avenir au passé que pour mieux prévoir l'avenir.

Notre vie est en avant de nous. Vivre c'est aller plus loin, monter plus haut.

# LXXX



## LE TOUT-PUISSANT ÉROS

Le sommeil est frère de la mort.

La mort est le sommeil sans rêves, le grand repos, le grand oubli.

La mort est la dislocation des parties, la désagrégation des cellules. Désagrégées, les cellules persistent ou du moins les éléments de vie qui les composent.

Pour le psychologue, l'âme, ou la conscience, ou la vie consciente d'elle-même, est représentée par la monade supérieure en laquelle viennent retentir les activités plus ou moins désordonnées plus ou moins conscientes des monades inférieures qui l'informent et qui la forment. La monade supérieure a pour mission de discipliner et d'ordonner leur activité désordonnée.

Les monades ouvrières de la vie sont les servantes de la monade centrale. Elle est l'âme de ces âmes.

Tout le temps que les serviteurs de la vie remplissent leur besogne exactement, ils fonctionnent les uns par rapport aux autres dans une harmonie relative. Et la vie persiste qui est pour ainsi dire la résultante de cette harmonie. Mais les monades servantes existent pour elles, elles sont, en partie, indépendantes de l'ensemble qu'elles informent. Dès qu'elles ne remplissent plus leurs fonctions de solidarité, elles deviennent, pour l'âme centrale, des ennemies. C'est la discorde, c'est la guerre. L'agrégat se désagrège. C'est la mort. Les monades ouvrières de la vie ne vivent plus que de leur vie propre.

Elles sont en disponibilité.

Germes vivants, elles attendent l'heure qui viendra tôt ou tard, où, de nouveau assemblées, elles seront combinées de façon à former un organisme nouveau.

Mais ce n'est là qu'une apparence. Après la dislocation, la monade centrale persiste encore, représentée par un germe indestructible.

Autour de ce germe, les servants de la vie viennent de nouveau se grouper. L'agrégat se reforme, la vie renaît, l'âme reprend conscience d'elle-même.

Ce n'est pas tout à fait la même âme puisque les conditions de la vie ne sont pas pour elle exactement les mêmes, elle est la même *autrement*. La mort n'est qu'un ensemble de phénomènes physiques et physiologiques qui préparent une renaissance. On ne meurt que pour renaître. L'intervalle entre la mort et la renaissance n'est qu'un oubli. Une vie qui recommence est une vie qui continue.

A la voix puissante d'Eros, obscurément agités par le Grand Désir, les germes tressaillent et se combinent de nouveau.

L'amour est vainqueur de la mort.

# LXXXI



Et c'est là un nouveau mystère.

Avant d'être l'amour, Eros est le désir d'aimer le Grand Désir. Il est, dit Platon, le fils de Poros et de Pénia. Pauvre comme sa mère, il souffre de sa pauvreté. Sitôt que de brillantes images surgissent devant lui, il se met à leur poursuite. Comme son père, il est entreprenant, hardi, sophiste. Il est le chasseur des images qui passent.

Mais, ces images qu'il poursuit sont vivantes aussi; elles ne veulent pas se laisser capturer. Ces images représentent des choses, des animaux, des hommes, qui se dresseront, farouches, contre le conquérant, qui finiront par le vaincre.

Le fils de Poros, si rusé qu'il soit, ne réalisera jamais son rêve de puissance.

# LXXXII

## LE GRAND VAINQUEUR

Le désir d'accroître, par la violence ou par la ruse, son être aux dépens des autres êtres, ne peut que susciter des haines et des guerres. Le conquérant est conquis par son désir de conquête. Il est l'esclave de ceux qu'il appelle ses esclaves. L'heure arrive où, comme le dit Platon, il s'apparaît comme le plus misérable des mortels.

Il a voulu méchamment, orgueilleusement, imposer aux autres sa volonté de puissance, il n'a vu dans les autres que des moyens pour réaliser sa volonté de puissance. Il ne peut que constater son infirmité.

## LXXXIII



Toutes les âmes humaines, même les plus nobles et les plus généreuses, se laissent séduire et entraîner par le désir de la plus que puissance. Il est difficile de résister à l'attrait des images. Elles nous séduisent avant que la raisonnable raison ait pu intervenir pour les apprécier et les juger. Qui donc aurait l'audace d'affirmer que son cœur est à l'abri de la tentation?

L'amour conquérant n'est pas le véritable amour. Il est le grand mensonge de la vie.

# LXXXIV



Un homme aime une femme; une femme aime un homme. Ils ne savent pas encore au juste ce que c'est que d'aimer. Ils se cherchent, ils se rapprochent. Chacun d'eux doute de l'autre, peut-être aussi de lui-même.

Cette timidité qui accompagne les premières amours font du rêve d'aimer le plus aimable des rêves.

Chacun des deux amants forge son idole.

C'est la lune de miel.

Elle est toujours de courte durée.

Les beaux rêves s'envolent bientôt pour ne plus revenir.

Le masque de beauté tombe; le véritable visage apparaît.

Est-ce bien le vrai visage?

Il n'est pas beau.

Et la guerre succède au rêve d'aimer, parfois grotesque, toujours tragique.

Il faut vivre.

Une des deux volontés égoïstes finit par s'imposer à l'autre pour un temps. Les deux amants d'autrefois, les deux conjoints, comme on les appelle, iront dans la vie rivés à la même chaîne, lourde à porter.

Et chacun des deux se dit que s'il n'a pu réaliser son rêve, c'est la faute de l'autre; aucun des deux ne consent à reconnaître que lui aussi est coupable.

Tous deux sont les victimes du grand mensonge, pitoyables tous deux, tous deux ont pitié l'un de l'autre, ils s'accommodent à leur laideur, à leurs misères.

# LXXXV



LE DON DE SOI

L'amour, dit le philosophe Charles Secrétan, est une plante divine qui n'exhale tout son parfum que lorsqu'elle a été foulée aux pieds.

Aimer, c'est se donner.

On connaît le proverbe : Qui se donne s'abandonne. Qui s'abandonne court le risque d'être abandonné.

C'est une souffrance d'aimer et de n'être pas aimé. Celui qui aime n'a jamais le droit d'exiger que les autres lui donnent leur amour.

Mais s'il est vraiment désintéressé, l'amour se suffit à lui-même.

Peut-être est-il encore plus beau d'aimer que d'être aimé. Nous avons le droit d'espérer qu'un jour viendra où ceux que nous aimons finiront par comprendre que le présent que nous leur, offrons est d'un grand prix.

Et leur cœur répondra à notre cœur.

# LXXXVI

LA BELLE ET LA BÊTE

La curieuse fable : Un cœur aimant sincère et loyal finit toujours par se faire aimer. Que ton amour, comme dit Han Ryner, arrive jusqu'à l'âme raisonnable de la personne que tu aimes et tu seras aimé en retour.

Au delà des laideurs apparentes de la Bête, la Belle finira par découvrir la rare beauté que, jusqu'à ce jour, elle n'avait pas su voir.

Aussitôt la Bête prendra devant la Belle la figure du Prince Charmant.

L'être aimé est en nous. Il est nous sans cesser de rester lui-même. Son âme s'est harmonisée à notre âme. Agrandies par leur amour, les deux âmes montent vers la lumière.

C'est le miracle de l'amour don de soi.

# LXXXVII



## L'AMOUR CRÉATEUR

L'amour désintéressé, le raisonnable vainqueur des âmes est le seul qui puisse créer des joies et des beautés nouvelles.

Aimer la Beauté pour la comprendre, la comprendre pour appliquer à sa réalisation toutes les énergies de notre âme, c'est créer au delà de la vie de guerre et en dehors, la vie humaine, la vie plus qu'humaine.

# LXXXVIII

## L'HARMONISME

Une mission est d'autant plus belle qu'elle est plus difficile à remplir.

La mission de l'âme raisonnable est de prévoir d'abord, ensuite d'organiser sa vérité et sa beauté. Elle voudrait être l'architecte d'elle-même.

Architecte d'elle-même, elle voudrait être encore architecte du monde.

Chaque homme a son génie propre qu'il doit découvrir. Il ne sera quelqu'un que s'il le découvre.

Le rôle de la raison raisonnable grandit à mesure que devient plus vivante et plus vraie dans une âme la vision de sa propre beauté harmonisée à l'harmonie des âmes, à l'harmonie du monde.

La beauté de l'Univers apparaît au penseur comme une harmonisation des âmes belles. Les choses sont des âmes dont la beauté répond à la beauté des âmes supérieures, qui ont appris à penser à aimer, à vouloir.

Le dernier mot de la philosophie, disait Jules Lequier, n'est pas devenir mais *faire* et en *faisant se faire*.

C'est la formule d'une philosophie de l'harmonie.

Le rationalisme phénoméniste de Charles Renouvier a conduit ce grand penseur au Personnalisme. Les âmes supérieures, les âmes raisonnables sont des points de vue de l'universelle harmonie qui n'est elle-même que l'harmonisation des harmonies particulières.

Et c'est l'harmonisme.

# LXXXIX



### L'HARMONISME RELIGION DES AMES RAISONNABLES

L'erreur des philosophes est d'avoir voulu découvrir une vérité impersonnelle la même pour toutes les intelligences.

Les consciences supérieures sont, du moins peuvent être, des personnes distinctes.

Chaque personne est qui elle est. Ses vérités lui sont personnelles, vivantes comme elle, et par conséquent changeantes. Mais si les âmes sont raisonnables, leurs pensées, leurs passions et leurs actes peuvent, assemblés et combinés, présenter des visions diverses sans doute, mais belles toujours, de l'universelle beauté.

Ces vérités personnelles que les autres âmes raisonnables nous proposent, si différentes qu'elles nous semblent à première vue des vérités que nous concevons, nous ne devons pas seulement les tolérer, mais les examiner avec respect, les aimer même. Peut-être arriverons-nous à les comprendre, à les faire nôtres. Ainsi notre richesse croîtra indéfiniment.

Ce respect, cet amour de toutes les activités raisonnables sera le lien qui rattachera les unes aux autres les âmes humaines. L'harmonisme est une doctrine philosophique et une religion.

C'est la gloire d'une âme raisonnable de s'appliquer à résoudre les grands problèmes, peut-être les insolubles problèmes.

Elle cherche Dieu ou des dieux organisateurs de la divine cité, tout au moins elle se propose de dépouiller en elle le vieil homme pour vivre le plus possible d'une vie supérieure qu'elle appelle la vie humaine, qui est peut-être la vie divine!

L'Harmonisme est la religion des âmes raisonnables.

## XC

L'ANGE ET LA BÊTE

C'est trop exiger, dira-t-on, d'une âme d'homme.

L'homme n'est ni ange, ni bête. Il serait plus vrai d'affirmer qu'il est à la fois ange et bête. S'il peut se proposer d'agir raisonnablement, ses appétits d'autre part le rattachent étroitement à l'animalité.

Qui veut faire l'ange fait la bête, dit Pascal. Et nous faisons si souvent la bête, que l'ange, en nous, n'a plus qu'à constater son impuissance, son irrémédiable *bêtise*.

Est-ce une raison pour se décourager?

Il faut demander beaucoup à l'âme qui veut être raisonnable pour obtenir peu. Une volonté bonne ne monte que péniblement et difficilement vers la Lumière. Une âme belle doit conquérir sa beauté, héroïquement.

# XCI

## LA VIE HÉROIQUE

Les hommes sont mécontents de leur sort. Tous se plaignent de la vie, tous demandent à la vie des joies qu'elle ne peut leur donner.

Mais si un Génie tout-puissant donnait satisfaction à leurs désirs, les hommes seraient plus malheureux encore.

Sans curiosité dans l'intelligence, sans curiosité dans le cœur ils ne seraient qu'un mécanisme mental; ils ne connaîtraient plus la joie de désirer.

Ne plus désirer c'est ne plus vivre. Le grand intérêt de la vie pour chacun de nous tient à ce que nous ignorons de quoi sera fait demain. Si nous étions certains de ne pas mourir, vivre, serait pour nous le plus terrible des supplices.

La vie héroïque avec ses craintes et ses espérances, ses désillusions est la seule vie possible. Elle est pour l'âme, le désir de chercher la vie, de trouver le mot de l'énigme.

# XCII



Nous risquons des actes au petit bonheur. Nous ne sommes jamais assurés de faire ce que nous avons décidé de faire. Du moins il dépend de nous d'appliquer à nos pensées, à nos passions, à nos actes, notre intelligence, notre volonté raisonnable.

Il dépend de nous de vivre d'accord avec nous-même, de prévoir un idéal de beauté qui sera notre vérité personnelle. Et cette conviction naîtra aussitôt dans l'âme que sa mission sur la terre est d'harmoniser sa beauté à la beauté des hommes, à la beauté des choses.

Dans le cas même où les déraisons de la nature triompheraient un jour de sa raison raisonnable elle aurait du moins vécu un beau rêve; elle aurait couru un beau danger.

# TABLE DES MATIÈRES

CET OUVRAGE A ÉTÉ ACHEVÉ D'IM
PRIMER LE 10 SEPTEMBRE 1927, SUR
LES PRESSES DE L'IMP. RAMLOT
ET Cⁱᵉ, 52, AVENUE DU MAINE,
A PARIS, POUR LE COMPTE DES
ÉDITIONS RADOT